핵심만 꾹 눌러 담은

꾹꾹이 노트

국어

01 듣기 · 말하기

1. 적절한 대화의 방법

① 언어 예절을 지켜 말하기
② 차별적 표현이나 비속어 표현을 삼가기
③ 상대방의 다양한 말하기 방식을 이해하며 대화하기
④ 대화의 목적과 상황에 따라 알맞은 말하기 방식 선택하기
⑤ 상대와의 친밀도, 상대와 자신의 사회적 지위 차이 등을 고려하기
⑥ 공적인 상황에서는 항상 높임말 사용하기

2. 목적과 상황에 맞는 말하기 | 문제에서 주어진 정보를 정확하게 이해하세요!

정보 중심 말하기	객관적 지식과 정보를 전달하는 말하기
관계 중심 말하기	친밀함을 표현하거나 관계를 유지하기 위한 말하기
공감적 말하기	상대의 처지와 심정을 이해하고 함께 느껴 위로하거나 걱정하는 말하기
부탁·요청	상대방에게 어떤 일이나 행동을 청하여 도움을 받고자 하는 말하기
거절	상대방의 부탁이나 요청을 받아들이지 않고 물리치는 말하기
( )	자기의 잘못을 인정하고 상대방에게 용서를 비는 말하기
감사	상대방에게 고마운 마음을 전달하는 말하기
위로	따뜻한 말이나 행동으로 괴로움을 덜어 주거나 슬픔을 달래 주는 말하기

3. 담화의 유형 | 특별한 개념 학습 없이도 문제의 내용만 잘 파악하면 쉽게 해결할 수 있어요!

대화	마주 대하여 이야기를 주고받는 말하기
발표	어떤 사실이나 결과, 작품 따위를 세상에 널리 드러내어 알리는 말하기
강연	일정한 주제에 대하여 청중 앞에서 강의 형식으로 진행하는 말하기
연설	여러 사람 앞에서 자기의 주장 또는 의견을 진술하는 말하기
소개	잘 알려지지 아니하였거나, 모르는 사실이나 내용을 잘 알도록 하여 주는 설명하는 말하기
면접	피면접자에 대한 정보 수집, 평가 등의 특정한 목적을 지닌 공적 대화
( )	어떤 공통된 문제에 대한 최선의 해결안을 얻기 위해 여러 사람이 모여서 의논하는 말하기
( )	특정한 논제에 대해 자신의 주장이 정당함을 내세우고 동시에 상대방의 주장과 논거가 부당함을 밝히는 말하기
( )	당사자 또는 집단의 대표가 의견과 주장의 차이를 조정하고 만족스러운 대안을 찾는 의사 결정 과정

| 정답 | 사과   토의   토론   협상

02 쓰기

1. 글쓰기의 단계

계획하기	글의 주제, 글을 쓰는 목적, 예상 (　　　)를 고려하여 구체적으로 계획하기
내용 생성 및 선정하기	• 글을 쓰기 위해 글의 화제와 관련되는 다양한 생각을 떠올리기 • 책, 잡지, 신문, 인터넷 등 다양한 자료에서 글의 내용으로 삼을 수 있는 자료 수집하기 • 아이디어 구체화·일반화하기 • 수집한 내용 중 글에 담을 내용 선정하기
내용 조직하기	선정한 내용을 주제가 잘 드러나도록 조직하기
표현하기	• 조직한 내용을 글로 표현하기 • 문장과 문단이 글의 주제와 긴밀하게 연결되도록 표현하기
고쳐쓰기	글의 주제는 분명하게 드러나는지, 주제와 어울리지 않는 문장이나 문단은 없는지, (　　　)에 어긋난 단어나 올바르지 않은 문장은 없는지 등을 점검하고 고치기

2. 다양한 종류의 글쓰기

공고문	널리 알리려는 의도로 쓴 글
안내문	어떤 내용을 소개하여 알려 주는 글
자서전	글쓴이 자신의 삶의 과정을 성찰하여 기록한 글
기사문	육하원칙에 따라 사실을 보고 들은 그대로 적은 글
계약서	계약이 성립되었음을 증명하기 위하여 작성하는 글
설명문	어떤 대상에 대해 글쓴이가 알고 있는 지식, 정보 등을 전달하는 글
(　　　)	설득을 목적으로 하는 글로, 주장과 근거가 잘 드러나는 글
건의문	어떤 문제 상황에 대한 개인·집단의 요구 사항이나 문제 해결 방안을 담은 글
보고서	어떤 사건이나 현상 등에 대하여 직접 경험하였거나, 관찰·실험 등을 통해 알게 된 정보를 체계적으로 정리하여 알려 주는 글

3. 요약 방법

설명하는 글	설명 대상을 파악하여 그것에 대한 주요 정보를 요약함
설득하는 글	글쓴이의 주장과 그것을 뒷받침하는 근거를 중심으로 요약함
이야기	이야기의 구성 요소인 인물, 배경, 사건 등을 중심으로 요약함
기타	시간의 흐름, 공간의 이동, 사건 중심, 인물 중심, 문제 상황과 해결 방법 등에 따라 요약함

4. 영상 언어의 구성 요소

시각 이미지	• 인물이나 사물의 연속된 움직임으로, 카메라의 위치, 카메라와 대상의 거리, 초점, 편집 등으로 표현함 • 시간성과 움직임이 있는 것으로, 화면의 구도와 색, 시선, 형태, 모양 등에 따라 전혀 다른 의미를 전달함
자막	상황을 설명히거나 장면 이해에 노움이 되는 정보를 제시함
배경 음악	전체적인 분위기나 주제를 강화함
효과음	상황을 생생하게 전달함

| 정답 | 독자　맞춤법　논설문

Ⅱ 문법

01 언어의 특성과 기능

1. 문법 단위

음운	말의 뜻을 구별해 주는 소리의 가장 작은 단위 (자음, 모음, 소리의 길이)	음운의 체계 음운의 변동
⇩		
음절	하나의 종합된 음의 느낌을 주는 말소리의 단위 (소리마디)	음절의 구성 요소
⇩		
형태소	뜻을 가진 말의 가장 작은 단위 (실질/형식, 자립/의존)	형태소 분석
⇩		
( )	뜻을 가지고 있으며 자립할 수 있는 단위(조사는 예외)	단어의 형성, 품사
⇩		
어절	띄어쓰기의 단위	문장 성분
⇩		
구, 절	2어절 이상의 의미 단위 ('절'은 주어와 서술어를 갖추고 있지만, 독립적×, 문장 성분의 역할○)	안은문장의 종류
⇩		
문장	주어와 서술어를 갖추고 완결된 생각을 표현하는 단위	문장의 종류 (홑문장과 겹문장)

2. 언어의 특성

기호성	언어는 뜻(내용)과 음성·문자(형식)가 결합하여 이루어지는 기호 체계임
( )	언어의 내용과 형식의 관계는 필연적인 것이 아니라 자의적임
( )	언어는 사회적 약속이므로 개인이 바꿀 수 없음
( )	언어는 시간의 흐름에 따라 생성·소멸·변화함
규칙성	언어에는 단어나 문장을 만들 때 적용되는 일정한 규칙이 있음
창조성	인간은 새로운 단어와 문장을 무한히 만들어 사용할 수 있음

| 정답 | 단어   자의성   사회성   역사성

02 음운 체계

1. 음운: 말의 뜻을 구별해 주는 소리의 가장 작은 단위

2. 자음

① 개념: 공기의 흐름이 발음 기관에서 (   )를 받으면서 나오는 소리

소리 내는 방법 \ 소리 나는 위치		입술소리	( )	센입천장소리	여린입천장소리	목청소리
안울림 소리	파열음 예사소리	ㅂ	ㄷ		ㄱ	
	파열음 된소리	ㅃ	ㄸ		ㄲ	
	파열음 거센소리	ㅍ	ㅌ		ㅋ	
	( )음 예사소리			ㅈ		
	( )음 된소리			ㅉ		
	( )음 거센소리			ㅊ		
	마찰음 예사소리		ㅅ			( )
	마찰음 된소리		ㅆ			
울림 소리	( )	ㅁ	ㄴ		ㅇ	
	유음		ㄹ			

② 분류

• 소리 나는 위치에 따른 분류

( )(순음)	두 입술 사이에서 나는 소리	ㅁ, ㅂ, ㅃ, ㅍ
잇몸소리(치조음)	혀끝이 윗잇몸에 닿아서 나는 소리	ㄴ, ㄹ, ㄷ, ㄸ, ㅌ, ㅅ, ㅆ
센입천장소리(경구개음)	혓바닥과 센입천장 사이에서 나는 소리	ㅈ, ㅉ, ㅊ
여린입천장소리(연구개음)	혀의 뒷부분과 여린입천장 사이에서 나오는 소리	ㄱ, ㄲ, ㅋ, ㅇ
목청소리(후음)	목청 사이에서 나는 소리	ㅎ

• 소리의 세기에 따른 분류

예사소리(평음)	발음 기관이 긴장되는 정도가 낮은 소리(평범하고 부드러운 느낌)	ㄱ, ㄷ, ㅂ, ㅅ, ㅈ
( )(경음)	발음 기관의 근육을 긴장시켜서 내는 소리(강하고 단단한 느낌)	ㄲ, ㄸ, ㅃ, ㅆ, ㅉ
거센소리(격음)	숨이 거세게 터져 나오며 나는 소리(크고 거친 느낌)	ㅋ, ㅌ, ㅍ, ㅊ

| 정답 | 장애   잇몸소리   파찰   ㅎ   비음   입술소리   된소리

3. 모음

① 개념: 공기의 흐름이 발음 기관에서 장애를 받지 않고 순조롭게 나오는 소리

② 분류

• 단모음(10개): 소리를 내는 도중에 입술 모양이나 혀의 위치가 달라지지 않는 모음

혀의 위치 / 혀의 높이	( ) 모음		후설 모음	
( )	평순 모음	원순 모음	평순 모음	( ) 모음
고모음	ㅣ	ㅟ	ㅡ	ㅜ
중모음	ㅔ	ㅚ	ㅓ	ㅗ
저모음	ㅐ		ㅏ	

• ( )(11개): 발음하는 도중에 입술 모양이나 혀의 위치가 달라지며 소리 나는 모음

혀의 위치가 'ㅣ' 자리에서 시작되는 모음	ㅑ, ㅕ, ㅛ, ㅠ, ㅒ, ㅖ
혀의 위치가 'ㅗ/ㅜ' 자리에서 시작되는 모음	ㅘ, ㅙ, ㅝ, ㅞ
혀의 위치가 'ㅡ' 자리에서 시작되는 모음	ㅢ

4. 소리의 길이

구분	짧게 발음하는 경우	길게 발음하는 경우
눈	사람의 눈	하늘에서 내리는 눈
밤	해가 저서 어두운 동안	밤나무의 열매
벌	처벌	꿀벌
발	사람의 발	가림막의 용도로 쓰는 발

03 단어

1. 품사의 분류 | '관체조 부용'으로 외워 보세요!(관형사는 체언을 꾸며 주고, 체언 뒤에는 조사가 붙는다. 부사는 용언을 꾸며 준다.)

구분	종류(기능)	의미	품사
불변어 –형태가 변하지 않음	체언 (주어, 목적어, 보어의 역할)	사람이나 사물의 ( )을 나타냄	명사
		사람이나 사물의 이름을 대신하여 쓰임	대명사
		수량이나 순서를 나타냄	수사
	수식언 (다른 말을 꾸며 주는 역할)	뒤에 오는 ( )을 꾸며 줌	관형사
		주로 용언을 꾸며 줌	( )
	독립언 (다른 말과 관계없이 독립적)	느낌, 놀람, 부름, 대답 등을 나타냄	감탄사
가변어 –형태가 변함	관계언 (문법적 관계, 뜻을 더해 줌)	다른 말과의 관계를 표시함	조사
	용언 (주어를 풀이, 서술어 역할)	사람이나 사물의 움직임을 나타냄	동사
		사람이나 사물의 성질이나 상태를 나타냄	( )

| 정답 | 전설   입술의 모양   원순   이중 모음   이름   체언   부사   형용사

2. 단어의 형성

① 형태소: 의미를 가진 말의 최소 단위 (더 이상 나누면 그 의미를 잃어버림)

의미에 따라	( ) 형태소	실질적 의미를 지닌 형태소
	형식 형태소	형식적인 의미, 문법적인 의미를 나타내는 형태소(조사, 접사, 어미)
자립성 여부에 따라	자립 형태소	홀로 쓰일 수 있는 형태소
	의존 형태소	다른 형태소와 결합하지 않으면 쓰일 수 없는 형태소

② 단어의 구성 요소

( )		단어의 실질적인 의미를 나타내는 부분 예 '맨손'의 '손'
접사	접두사	어근의 앞에 결합하여 그 의미를 제한하거나 더함 예 '맨손'의 '맨~'
	접미사	어근의 뒤에 결합하여 그 의미를 제한하거나 품사를 바꿈 예 '덮개'의 '~개'

③ 단어의 분류

단일어		하나의 어근으로만 이루어진 단어 예 사과, 먹다, 바다, 구름
복합어	( )	둘 이상의 어근이 결합하여 만들어진 단어 예 논밭, 책가방, 봄나물, 돌다리
	파생어	어근과 접사가 결합하여 만들어진 단어 예 풋사과, 군말, 구경꾼, 개살구, 헛소문

3. 어휘의 유형

	전문어	전문 분야에서 그 분야의 일을 효과적으로 수행하기 위하여 사용하는 말 예 의학 용어, 경제 용어
	( )	특정 집단 안에서 비밀을 유지하기 위해 다른 집단의 사람들이 이해할 수 없게 만든 말 예 심(산삼), 수족관(PC방)
	유행어	비교적 짧은 어느 한 시기에 걸쳐 널리 쓰이는 말 예 얼짱, 몸짱 (외모 지상주의 사회), 이태백(고용이 불안정한 사회)
	비속어	일반적인 표현에 비해 천박하고 저속한 느낌을 주는 말 예 쪽팔리다(창피하다)
	새말	새로운 사물이나 개념을 표현하기 위해 새로 생겨난 말 예 댓글, 생얼, 악플러
	금기어 및 완곡어	• 금기어: 두렵거나 불쾌한 느낌을 주어 입 밖에 내기를 꺼리는 말 • 완곡어: 금기어를 피하여 불쾌감이 덜하도록 부드러운 말로 대체한 말 예 마마(천연두), 화장실(변소), 돌아가시다(죽다)
관용 표현	( )	둘 이상의 낱말이 결합하여 특별한 의미로 사용되는 말로, 관습적으로 굳어진 말 예 눈에 밟히다.
	속담	예로부터 내려온 우리 생활 속 지혜를 간결하면서도 맛깔스럽게 표현해 낸 말 예 우물 안 개구리
방언	지역	지리적으로 격리되어 지역에 따라 달라진 말 예 아버지–아바이, 이방, 아배
	사회	연령, 성별, 직업 등 사회적 요인에 따라 달라진 말 예 어머, 어쩜(여성은 남성에 비해 감탄사나 부사를 많이 사용), 수라(임금의 밥상)

1. 문장 성분

	주어	• '누가, 무엇이'에 해당하는 것으로, 문장에서 동작, 상태, 성질의 ( ) • 주격 조사 '이/가, 께서'가 붙어 만들어짐
주성분	서술어	• '어찌하다, 어떠하다, 무엇이다'에 해당하는 것 • 주어의 동작이나 상태, 성질을 풀이하는 기능을 함 • 동사, 형용사를 활용하거나 '체언+이다(서술격 조사)'의 형태로 나타남
	목적어	• '누구를, 무엇을'에 해당하는 것으로, 서술어의 동작 대상 • '체언+을/를(목적격 조사)'의 형태로 나타남
	보어	• 주어와 목적어 외에 서술어가 요구하는 필수적인 성분 • 서술어 '되다, 아니다' 앞에 위치하여 뜻을 ( )함 • 보격 조사 '이/가'가 붙어 만들어짐
부속 성분	관형어	• 체언을 꾸며 주는 성분 • 관형사, '체언+의(관형격 조사)' 등의 형태로 나타남
	부사어	• 주로 서술어를 꾸며 주는 성분 • 다른 부사어 · 관형어 · 문장 전체를 꾸미거나, 문장이나 단어를 이어 줌 • 부사, '체언+에게/에/(으)로(부사격 조사)' 등의 형태로 나타남
독립 성분	( )	• 문장의 다른 성분과 직접적인 관련 없이 독립적 의미를 지닌 성분 • 부름, 감탄, 놀람, 응답 등에 해당함 • 감탄사, '체언+아/야(호격 조사)'의 형태로 나타남

2. 문장의 짜임

( )		주어와 서술어의 관계가 한 번 나타나는 문장
겹문장	개념	주어와 서술어의 관계가 두 번 이상 나타나는 문장
	이어진문장	대등하게 이어진문장 📵 인생은 짧고, 예술은 길다. ( )으로 이어진문장 📵 비가 와서 길이 미끄럽다.
	안은문장	절 전체가 명사의 기능을 하는 명사절을 안은문장 📵 나는 서영이가 우승하기를 바랐다. 절 전체가 관형어의 기능을 하는 관형절을 안은문장 📵 유진이가 가장 좋아하는 동물은 강아지이다. 절 전체가 부사어의 기능을 하는 부사절을 안은문장 📵 지수가 엄마의 허락도 없이 영화를 보러 갔다. 다른 사람의 말을 인용하는 인용절을 안은문장 📵 나는 놀라서 "무슨 일이야?"라고 물었다 절 전체가 서술어의 기능을 하는 서술절을 안은문장 📵 코끼리는 코가 길다.

|정답| 주체 보충 독립어 홑문장 종속적

05 올바른 발음과 표기

1. 표준 발음법의 기본 원리

제1항	표준 발음법은 표준어의 실제 발음을 따르되, 국어의 (　　　)과 합리성을 고려하여 정함을 원칙으로 한다.

2. 표준 발음법의 주요 규정

① 모음의 발음

제4항	'ㅏ, ㅐ, ㅓ, ㅔ, ㅗ, ㅚ, ㅜ, ㅟ, ㅡ, ㅣ'는 단모음으로 발음한다. [붙임] 'ㅚ, ㅟ'는 이중 모음으로 발음할 수 있다. 예 금괴[금괴/금궤], 외개[외:가/웨:가]

② 이중 모음 'ㅢ'의 발음

제5항	'ㅑ, ㅒ, ㅕ, ㅖ, ㅘ, ㅙ, ㅛ, ㅝ, ㅞ, ㅠ, ㅢ'는 이중 모음으로 발음한다. 예 의사[의사], 의자[의자] [다만 1] 용언의 활용형에 나타나는 '져, 쪄, 쳐'는 [저, 쩌, 처]로 발음한다. 예 가지어 → 가져[가저], 다치어 → 다쳐[다처] [다만 2] '예, 례' 이외의 'ㅖ'는 [ㅔ]로도 발음한다. 예 시계[시계/시계], 혜택[혜:택/헤:택] [다만 3] 자음을 첫소리로 가지고 있는 음절의 'ㅢ'는 [ㅣ]로 발음한다. 예 희망[히망], 무늬[무니] [다만 4] 단어의 첫음절 이외의 '의'는 [ㅣ]로, 조사 '의'는 [ㅔ]로 발음함도 허용한다. 예 주의[주의/주이]

③ 받침의 발음(음절의 끝소리 규칙)

제8항	받침소리로는 'ㄱ, ㄴ, ㄷ, ㄹ, ㅁ, ㅂ, ㅇ'의 7개 자음만 발음한다.
제9항	받침 'ㄲ, ㅋ', 'ㅅ, ㅆ, ㅈ, ㅊ, ㅌ', 'ㅍ'은 어말 또는 자음 앞에서 각각 대표음 [　　]으로 발음한다. 예 밖[박], 밭[받], 있다[읻따], 쫓다[쫃따], 잎[입]

④ 겹받침의 발음

제10항	겹받침 'ㄳ', 'ㄵ', 'ㄼ, ㄽ, ㄾ', 'ㅄ'은 어말 또는 자음 앞에서 각각 [ㄱ, ㄴ, ㄹ, ㅂ]으로 발음한다. 예 넋[넉], 앉다[안따], 여덟[여덜], 없다[업:따] [다만] '밟-'은 자음 앞에서 [밥]으로 발음하고, '넓-'은 다음과 같은 경우에 [넙]으로 발음한다. 예 밟다[밥:따], 넓죽하다[넙쭈카다], 넓둥글다[넙뚱글다]
제11항	겹받침 'ㄺ, ㄻ, ㄿ'은 어말 또는 자음 앞에서 각각 [ㄱ, ㅁ, ㅂ]으로 발음한다. 예 닭[닥], 맑다[막따], 삶[삼:], 읊고[읍꼬] [다만] 용언의 어간 말음 'ㄺ'은 'ㄱ' 앞에서 [ㄹ]로 발음한다. 예 맑고[말꼬], 읽고[일꼬]

⑤ 받침 'ㅎ'의 발음

제12항	받침 'ㅎ'의 발음은 다음과 같다. 1. 'ㅎ(ㄶ, ㅀ)' 뒤에 'ㄱ, ㄷ, ㅈ'이 결합되는 경우에는, 뒤 음절 첫소리와 합쳐서 [ㅋ, ㅌ, ㅊ]으로 발음한다. 예 놓고[노코], 않던[안턴]

	2. 'ㅎ(ㄶ, ㅀ)' 뒤에 'ㅅ'이 결합되는 경우에는, 'ㅅ'을 [ㅆ]으로 발음한다.
	ⓔ 닿소[다:쏘], 많소[만:쏘]
	3. 'ㅎ' 뒤에 'ㄴ'이 결합되는 경우에는, [ㄴ]으로 발음한다.
	ⓔ 놓는[논는], 쌓네[싼네]
	4. 'ㅎ(ㄶ, ㅀ)' 뒤에 모음으로 시작된 어미나 접미사가 결합되는 경우에는, 'ㅎ'을 발음하지 않는다.
	ⓔ 낳은[나은], 싫어도[시러도]

⑥ 연음 현상(연달아 발음되는 현상)

제13항	홑받침이나 쌍받침이 모음으로 시작된 조사나 어미, 접미사와 결합되는 경우에는, 제 음가대로 뒤 음절 첫소리로 옮겨 발음한다.
	ⓔ 잎이[이피], 밭에[바테], 꽃을[꼬츨], 낮이[나지]
제14항	겹받침이 모음으로 시작된 조사나 어미, 접미사와 결합되는 경우에는, 뒤엣것만을 뒤 음절 첫소리로 옮겨 발음한다(이 경우, 'ㅅ'은 된소리로 발음함).
	ⓔ 닭을[달글], 흙이[흘기], 값을[갑쓸], 넋이[넉씨]
제15항	받침 뒤에 모음 'ㅏ, ㅓ, ㅗ, ㅜ, ㅟ'들로 시작되는 실질 형태소가 연결되는 경우에는, 대표음으로 바꾸어서 뒤 음절 첫소리로 옮겨 발음한다.
	ⓔ 겉옷[거돋], 헛웃음[허두슴], 잎 아래[이바래]
	[다만] '맛있다, 멋있다'는 [마신따], [머신따]로도 발음할 수 있다.

3. 한글 맞춤법의 기본 원리

제1항	한글 맞춤법은 표준어를 소리대로 적되, 어법에 맞도록 함을 원칙으로 한다.

표준어를 소리대로 적음	어법에 맞도록 함
• 표준어를 발음하는 그대로 표기함 • 소리와 표기가 ( )함 ⓔ 뻐꾸기, 구름, 하늘, 달리다	• 뜻을 파악하기 ( ) 하기 위해 각 형태소의 본 모양을 밝혀 적음 • 소리와 표기가 일치하지 않음 ⓔ 놀이, 얼음, 일찍이

4. 한글 맞춤법의 주요 표현

① 되다 – 돼다 ┃ '되어서'와 '돼서'는 동일한 의미로, 둘 다 맞습니다!

• 되: '되어'로 풀 수 없는 말
  ⓔ 나는 자라서 선생님이 <u>되고</u> 싶어. (되-+-고=되고)

• 돼: '되어'로 풀 수 있는 말
  ⓔ 밥이 맛있게 <u>되어서</u> 좋아.=밥이 맛있게 <u>돼서</u> 좋아.(되-+-어서=되어서=돼서)
  어느새 아침이 <u>되었다</u>.=어느새 아침이 <u>됐다</u>.(되-+-었다=되었다=됐다)

② 낫다 – 낳다

• 낫다[낟:따]: 병이나 상처 등이 고쳐져 본래대로 되다.
  ⓔ 감기가 어서 <u>낫기</u>를 바란다.

• 낳다[나:타]: 배 속의 아이, 새끼, 알을 몸 밖으로 내놓다.
  ⓔ 우리 집 소가 송아지를 <u>낳았다</u>.

③ 부치다 – 붙이다

• 부치다[부치다]
  - 편지나 물건 따위를 일정한 수단이나 방법을 써서 상대에게로 보내다.
    ⓔ 짐을 외국으로 <u>부치다</u>.

- 어떤 문제를 다른 곳이나 다른 기회로 넘기어 맡다.
  - 예 안건을 회의에 부치다.
- 프라이팬 따위에 기름을 바르고 음식을 익혀서 만들다.
  - 예 달걀을 부치다.
- (   )[부치다]: 맞닿아 떨어지지 않게 하다.
  - 예 편지 봉투에 우표를 붙이다.

④ 마치다 – 맞히다
- 마치다[마치다]: 어떤 일이나 과정, 절차 따위가 끝나다.
  - 예 우리 수업 마치고 간식 먹자.
- 맞히다[마치다]: 문제에 대한 답을 틀리지 않게 한다.
  - 예 수수께끼의 정답을 맞혔다.

⑤ 반드시 – 반듯이
- 반드시[반드시]: 틀림없이, 꼭
  - 예 약속을 반드시 지켜라.
- 반듯이[반드시]: 비뚤어지거나 기울거나 굽지 아니하고 바르게
  - 예 고개를 반듯이 들어라.

⑥ 안 – 않
- 안: '(   )'를 줄여서 쓴 말
  - 예 아침을 안 먹었다. (아니 → 안)
- 않-: '아니하-'를 줄여서 쓴 말
  - 예 책을 읽지 않았다. (아니하 → 않-)

⑦ 로서 – 로써
- 로서: 지위나 신분 또는 자격을 나타내는 조사
  - 예 그것은 친구로서 할 일이 아니다.
- 로써: 어떤 일의 수단이나 도구를 나타내는 조사
  - 예 말로써 천 냥 빚을 갚는다고 한다.

⑧ 너머 – 넘어
- 너머[너머]: 높이나 경계로 가로막은 사물의 저쪽
  - 예 산 너머 강이 있다.
- 넘어[너머]: 높은 부분의 위를 지나가
  - 예 도둑은 창문을 넘어 들어온 것이 틀림없다.

⑨ 이따가 – 있다가
- 이따가[이따가]: 조금 지난 뒤에
  - 예 이따가 단둘이 있을 때 이야기하자.
- 있다가[읻따가]: '있다'의 활용형. 어느 곳에 잠시 머무르거나 어떤 상태를 그대로 유지하다가
  - 예 집에 있다가 밖으로 나왔다.

⑩ 틀리기 쉬운 맞춤법

틀린 표현	올바른 표현
바램	바람
웬지	왠지
왠일	웬일
왠만하면	웬만하면
금새	( )
마춤	맞춤
만듬	만듦
몇일	며칠
(눈에)띠다	띠다
(문을) 잠궈 (김치를) 담궈	잠가 담가
설것이	설거지
곰곰히	( )
깨끗히	깨끗이
일찌기	일찍이
오뚜기	오똑이
육계장	육개장
떡뽁기	떡볶이
깍뚜기	깍두기
김치찌게	김치찌개
어의없다	( )

| 정답 | 금세   곰곰이   어이없다

06 한글의 창제 원리와 가치

1. 자음(초성)의 창제 원리

상형	발음 기관의 모양을 본떠 기본자 'ㄱ, ㄴ, ㅁ, ㅅ, ㅇ'을 만듦	ㄱ(어금닛소리)	혀뿌리가 목구멍을 막는 모양을 본뜸
		ㄴ(혓소리)	혀끝이 윗잇몸에 붙는 모양을 본뜸
		ㅁ(입술소리)	입술의 모양을 본뜸
		ㅅ(잇소리)	이의 모양을 본뜸
		ㅇ(목구멍소리)	목구멍의 모양을 본뜸
( )	소리가 거세지면 기본자에 획을 더하여 'ㅋ, ㄷ, ㅌ, ㅂ, ㅍ, ㅈ, ㅊ, ㆆ, ㅎ'을 만듦		
이체	기본자의 형태를 변형하여 'ㆁ, ㄹ, ㅿ'을 만듦		

2. 병서와 연서

초성 17자에는 속하지 않으나 다양한 소리를 적기 위해 기존의 글자를 합하여 쓰는 방법

( ) (가로)	각자 병서	같은 글자	ㄲ, ㄸ, ㅃ, ㅆ, ㅉ, ㆅ
	합용 병서	다른 글자	ㅺ, ㅼ, ㅽ, ㅳ, ㅄ, ㅷ, ㅴ, ㅵ, ㅶ 등
연서(세로)		세로로 나란히	ㅸ, ㅹ, ㆄ, ㅱ

3. 모음(중성)의 창제 원리

( )	'하늘, 땅, 사람'의 모양(기본자)	· (아래 아)	• 하늘[天]의 둥근 모양을 본뜸 • 발음할 때 혀가 오그라들고 소리가 깊음
		―	• 땅[地]의 평평한 모양을 본뜸 • 발음할 때 혀가 조금 오그라들고 소리는 깊지도 얕지도 않음
		ㅣ	• 사람[人]의 바로 선 모양을 본뜸 • 발음할 때 혀가 오그라들지 않고 소리는 얕음
합성	기본자+기본자	초출자	ㅗ(·+―), ㅏ(ㅣ+·), ㅜ(―+·), ㅓ(·+ㅣ)
	초출자+'·'	재출자	ㅛ(ㅗ+·), ㅑ(ㅏ+·), ㅠ(ㅜ+·), ㅕ(ㅓ+·)

4. 세종어제훈민정음

창제 시의 명칭	훈민정음(訓民正音): 백성을 가르치는 바른 소리	
한글의 창제 정신	( )정신	우리나라 말이 중국과 달라 한자와는 서로 통하지 않는다고 생각함
	애민 정신	백성이 말하고자 하는 바가 있어도 제 뜻을 펴지 못하는 사람이 많음을 가엾게 생각함
	창조 정신	새로 스물여덟 글자를 독창적으로 만듦
	실용 정신	모든 사람들이 글자를 쉽게 익혀서 날마다 쓰는 데 편하게 하고자 함
한글 창제의 의의	• 우리 민족이 우리의 말에 맞는 고유 문자를 가지게 됨 • 백성들도 쉽게 글을 읽고 쓸 수 있게 됨	

Ⅲ 문학

01 현대 시

1. 심상

시각적 심상	형태 묘사나 색채어 등을 사용하여 눈으로 보는 듯한 느낌을 주는 심상 예 무덤 위에 파란 잔디가 피어나듯이 — 윤동주, 「별 헤는 밤」 —
( ) 심상	귀로 듣는 듯한 느낌을 주는 심상 예 서리 까마귀 우지짖고 지나가는 초라한 지붕 — 정지용, 「향수」 —
후각적 심상	코로 냄새를 맡는 듯한 느낌을 주는 심상 예 매화 향기 홀로 아득하니 — 이육사, 「광야」 —
미각적 심상	혀로 맛을 보는 듯한 느낌을 주는 심상 예 흡사 / 정처럼 옮아오는 / 막걸리 맛 — 김용호, 「주막에서」 —
촉각적 심상	피부에 닿는 듯한 느낌을 주는 심상 예 내 볼에 와 닿던 네 입술의 뜨거움 — 신경림, 「가난한 사랑 노래」 —
공감각적 심상	하나의 감각을 다른 종류의 감각으로 전이하여 표현하는 심상, 즉 두 개 이상의 감각이 결합하여 나타나는 심상 예 분수처럼 흩어지는 푸른 종소리 — 김광균, 「외인촌」 —

2. 표현 방법

① 비유하기

( )법	사람이 아닌 것을 사람처럼 표현함 예 돌담에 속삭이는 햇발
활유법	생명이 없는 것을 생명이 있는 것처럼 표현함 예 꼬리를 감추며 달리는 기차
( )법	'~처럼, ~같이, ~인 듯' 등의 표현을 이용하여 직접적으로 비유함 예 밥티처럼 따스한 별
은유법	'A=B'의 형식으로 비유함 예 내 마음은 호수요
대유법	사물의 부분적인 특성으로 전체를 대신 비유함 예 펜은 칼보다 강하다

② 변화 주기

대구법	비슷하거나 동일한 문장 구조를 짝을 맞춰 늘어놓음 예 산은 높고 물은 깊다.
( )법	문장 또는 단어를 일반적인 순서와 다르게 배치함 예 사랑도 모르리 내 혼자 마음은.
설의법	일부러 의문의 형식으로 표현하여 변화를 줌 예 그 얼마나 아름다운 모습인가
반어법	참뜻과는 반대되는 말로 표현함 예 먼 훗날 당신이 찾으시면 / 그때에 내 말이 '잊었노라.'
( )법	겉으로는 모순된 것처럼 보이지만 그 안에 진리를 담고 있음 예 모두 똑같이 못나서 실은 아무도 못나지 않았다.

③ 강조하기

반복법	단어, 어구, 문장을 반복하여 강조함 예 산에는 꽃 피네, 꽃이 피네
과장법	실제보다 크거나 작게 표현함 예 어머니 은혜는 산같이 높다
( )법	감탄의 형태를 사용하여 고조된 감정을 표현함 예 사랑하던 그 사람이여!

| 정답 | 청각적   의인   직유   도치   역설   영탄

3. 빈출 선지

어조	경어체, 의지적 어조
심상(이미지)	시각적, 청각적, 후각적, 미각적, 촉각적, 공감각적
표현법	의인법, 직유법, 설의법, 반어법, 역설법
시상 전개	시간의 흐름, 공간의 이동, 수미상관
의성어와 의태어	소리를 흉내(의성어), 모양을 흉내(의태어)
어미	명령형(~아라/~어라), 청유형(~자), 감탄형(~구나)

02 고전 시가

1. 시조의 형식

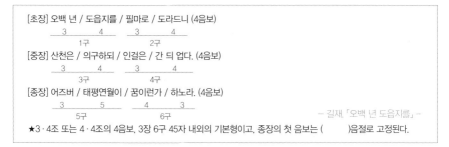

[초장] 오백 년 / 도읍지를 / 필마로 / 도라드니 (4음보)
　　　　3　　　4　　　3　　4
　　　　　1구　　　　　　2구
[중장] 산천은 / 의구하되 / 인걸은 / 간 듸 업다. (4음보)
　　　　3　　　4　　　3　　4
　　　　　3구　　　　　　4구
[종장] 어즈버 / 태평연월이 / 꿈이런가 / 하노라. (4음보)
　　　　3　　　5　　　4　　3
　　　　　5구　　　　　　6구

— 길재, 「오백 년 도읍지를」 —

★ 3 · 4조 또는 4 · 4조의 4음보, 3장 6구 45자 내외의 기본형이고, 종장의 첫 음보는 (　　　)음절로 고정된다.

2. 평시조와 사설시조

평시조	구분	사설시조
주로 사대부 양반 계층	작자층	주로 중인과 평민층
3장 6구 45자 내외, 4음보	형식	평시조 틀에서 두 구 이상 길어진 형식
유교적 이념, 자연과의 조화, 풍류 사상을 주로 노래함	내용	서민들의 일상, 삶의 애환, 지배 계층에 대한 비판을 주로 노래함
(　　　) 세계관(충,효,열)에 대해 비유적, 관념적으로 노래함	표현	생활 밀착, 풍자와 해학이 두드러짐

3. 고전 시가의 주제

구분	내용
우국충절	망국의 한과 인생무상, 왕조에 대한 절개 등
자연 친화	물아일체의 자연관 등
연정	임을 기다리는 애타는 마음, 임에 대한 그리움 등
연시조	자연 속에서의 유유자적한 삶, 임금의 은혜에 감사 등
사설시조	위정자들 비판, 현학적 태도 풍자 등

1. 소설 구성의 3요소

① 인물: 소설 속에서 사건을 이끌어 가는 주체

중요도에 따른 분류	주요 인물	주인공 혹은 이야기를 이끌어 나가는 인물
	주변 인물	이야기의 진행을 도와주는 부수적 인물
역할에 따른 분류	주동 인물	주인공으로, 소설에서 주동적 역할을 하는 인물
	반동 인물	주인공과 대립하는 반대자·적대자
성격에 따른 분류	전형적 인물	어떤 특정 부류나 계층을 대표하는 인물
	개성적 인물	특정 부류나 계층에 속하지 않는 독자적 성격을 보여 주는 인물
성격 변화 여부에 따른 분류	평면적 인물	한 작품 속에서 처음부터 끝까지 성격의 변화가 없는 인물
	입체적 인물	사건의 진전에 따라 성격의 변화를 보이는 인물

② 사건: 일정한 배경을 두고 인물들이 벌이는 갈등과 행동 양상
③ 배경: 사건이 일어나는 구체적인 시간과 장소

시간적 배경	어떤 행동이나 사건이 발생하는 시간
공간적 배경	어떤 행동이나 사건이 발생하는 장소
시대적 배경	사회의 현실이나 해딩 시대의 역사적 상황

2. 갈등의 종류

내적 갈등	주인공 혹은 이야기를 이끌어 나가는 인물의 마음속에서 일어나는 갈등
( ) 갈등	인물과 그 인물을 둘러싼 외부 환경 사이에서 일어나는 갈등

3. 서술자의 시점

서술자		서술자의 위치		특징
'나' 등장 (소설 속)	1인칭	주인공 (심리○)	1인칭 ( ) 시점	• 나=주인공=서술자 • 주인공인 '나'가 자신의 이야기를 하는 방식
		부수적 (심리×)	1인칭 관찰자 시점	• 나=관찰자=서술자 • 보조 인물인 '나'가 주인공을 관찰하는 입장에서 이야기를 하는 방식
'나' 등장× (소설 밖)	3인칭	전지적 (심리○)	전지적 작가 시점	• 서술자=신적인 존재 • 서술자가 신의 입장에서 인물의 말과 행동은 물론 심리 변화까지도 파악하여 이야기하는 방식
		관찰자 (심리×)	3인칭 관찰자 시점	• 서술자=관찰자 • 서술자가 관찰자의 입장에서 인물의 말과 행동을 관찰하여 이야기하는 방식

04 고전 소설

1. 특징

시점	전지적 작가 시점	소설 속 등장인물의 행동과 태도는 물론 생각까지 자세하게 알 수 있음
인물	전형적, ( )적	• 한 계층을 대표하는 전형적인 인물이 등장함 • 소설의 처음부터 끝까지 성격이 변하지 않는 평면적인 인물이 등장함 예 효녀를 대표하는 「심청전」의 심청
사건	( )적, 비현실적	• 사건의 전개가 필연적이지 않고, 주로 우연한 계기를 통해서 이야기가 전개됨 • 현실에서 일어나기 어려운 전기적 사건이 자주 일어남 예 축지법과 도술을 부리는 「홍길동전」
문체	운문체, 문어체	• 말의 가락이 느껴지는 운문체가 주로 나타남(보통 3·4조 또는 4·4조를 기본으로 함) • 일상생활에서는 쓰이지 않고 문장에서만 쓰이는 문어체를 사용해 이야기를 전개함(~하더라, ~하소서, ~하나이다 등) 예 아가 아가 ∨ 내 딸이야! ∨ 아들 겸 ∨ 내 딸이야! ∨ 금을 준들 ∨ 너를 사랴?(운율이 있음)
구성	일대기적 구성	주인공의 출생부터 죽음에 이르기까지 시간의 흐름에 따라 사건이 전개됨 예 조웅의 출생에서부터 영웅이 되기까지의 일대기를 그린 「조웅전」
주제	행복한 결말, ( )	• 주인공이 원하는 것을 얻는 행복한 결말로 이야기가 마무리됨 • 착한 사람은 복을 받고, 나쁜 사람은 벌을 받는다는 교훈적인 주제를 전달함 예 탐관오리는 벌을 받고, 춘향은 이몽룡과 행복하게 살게 되는 「춘향전」

2. 대표 작품

작품	내용
춘향전	양반인 이몽룡과 기생의 딸인 춘향의 신분을 초월한 사랑 이야기
토끼전	동물을 인간과 같이 표현한 우화 소설로, 동물들을 통해 조선 시대의 다양한 계층의 인물들을 풍자한 이야기
흥부전	착한 동생 흥부와 욕심 많고 심술궂은 형 놀부가 있는데, 흥부는 다친 제비 다리를 고쳐서 복을 받고 형은 벌을 받는다는 이야기
박씨전	병자호란을 배경으로 한 군담 소설로, 실존 인물인 이시백과 가공의 인물인 이시백의 아내 박씨를 주인공으로 하여 병자호란의 패배를 심리적으로 보상하고 민족적인 긍지와 자부심을 일깨우고자 한 이야기
홍길동전	홍길동의 영웅적 일대기를 통해 적서 차별 제도와 탐관오리들의 횡포를 비판한 이야기
양반전	양반의 신분을 돈으로 사고파는 세태와 양반의 횡포와 허례허식을 풍자한 이야기

3. 빈출 선지

① 서술자의 시점
② 방언 사용(현장감을 살림)
③ 서술과 묘사
④ 비현실적 배경(전기적)
⑤ 시간의 흐름에 따른 전개

1. 수필의 특징

주관적, 고백적	글쓴이 자신의 실제 체험과 그 과정에서 얻을 깨달음을 주관적, 고백적으로 드러냄
1인칭의 문학	'나'로 서술되며, 수필 속의 '나'는 글쓴이 자신임
( )적	글쓴이의 경험, 생각, 문체 등에서 개성이 잘 드러남
자유로운 형식	일정한 형식의 제약을 받지 않고 비교적 자유롭게 쓴 글임
비전문적	전문성이 필요하지 않은, 누구나 쓸 수 있는 대중적인 글임
신변잡기적	일상생활에서 보고, 듣고, 느낀 모든 것이 소재가 될 수 있음

2. 희곡의 특징

무대 상연을 전제로 한 문학	시간, 공간, 인물 수에 ( )이 있음
행동과 대사의 문학	배우의 행동과 대사를 통해 사건이 진행되며 주제가 형상화됨
갈등의 문학	인물 간의 갈등과 해소 과정을 주된 내용으로 함
현재 진행형의 문학	관객의 눈앞에서 현재 벌어지고 있는 사건으로 표현함

3. 시나리오

① 특징

- 화면에 의해 표현되므로 촬영을 고려해야 하며, 특수한 시나리오 용어가 사용됨
- 대사와 행동으로 인물의 특성과 사건의 진행을 표현함
- 장면의 변화가 자유롭고 시공간적 배경이나 등장인물 수의 제약이 거의 없음
- 직접적인 심리 묘사가 어렵고 장면과 대상에 의해 간접적으로 묘사됨

② 구성 요소

( ) 표시	사건의 배경이 되는 장면의 설정이나 장면 번호, 'S#'으로 나타냄
해설	시나리오의 첫머리에 등장인물, 때와 장소, 배경 등을 설명해 놓은 부분
대사	등장인물이 주고받는 말로, 인물의 성격을 드러내고 사건을 진행시킴
지시문	인물의 표정이나 동작, 카메라의 위치, 필름 편집 기술 등을 지시함

| 정답 | 개성   제약   장면

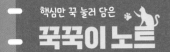

IV 비문학

01 설명하는 글

1. 구성

- 문제를 먼저 확인한 후, 지문을 읽는 것이 중요해요.
- 지문의 길이가 길어지고 있어요. 문단 나누기를 통해 실시간으로 문제를 해결하세요!

처음(머리말)	글을 쓰게 된 동기 및 설명할 대상을 소개하여 독자의 관심을 유도함
중간(본문)	여러 가지 설명 방법을 활용하여 구체적으로 설명함
끝(맺음말)	본문 내용을 요약·정리함

2. 특성

( )성	자신의 주관적인 생각을 배제하고 객관적으로 생각함
사실성	정확한 지식을 사실에 근거하여 전달함
평이성	이해하기 쉽게 간결하고 쉬운 문장으로 표현함
명료성	뜻이 분명하게 전달되도록 문장을 간결하게 작성함
체계성	3단 구성으로 짜임새 있게 체계적으로 정리하여 표현함

3. 설명 방법

( )	대상이나 용어의 뜻을 밝혀서 설명함 예 지문(指紋)은 손가락 끝마디 안쪽에 있는 살갗의 무늬 또는 그것이 남긴 흔적이다.
예시	구체적인 예를 들어 설명함 예 까치는 다양한 음식을 즐기는 새다. 곤충을 비롯하여 달팽이, 지렁이, 쥐, 과일, 나무, 감자 등 다양한 것을 먹는다.
비교	둘 이상의 대상을 견주어 공통점을 중심으로 설명함 예 숟가락과 젓가락은 밥을 먹을 때 쓰는 도구이다.
( )	둘 이상의 대상을 견주어 차이점을 중심으로 설명함 예 감기가 시기를 타지 않는 것과 달리 독감은 유행하는 시기가 정해져 있다.
분류	대상을 일정한 기준에 따라 나누거나 묶어서 설명함 예 시는 형식적 규칙을 따랐느냐의 여부에 따라 정형시, 자유시, 산문시로 나뉜다.
분석	어떤 대상을 구성 요소나 부분으로 나누어 설명함 예 꽃은 꽃잎, 꽃받침, 수술, 암술 등으로 이루어져 있다.
인과	원인과 결과에 따라 설명함 예 비를 맞아서 감기에 걸렸다.
과정	어떤 일이 되어 가는 차례나 순서에 따라 설명함 예 라면 끓이는 방법은 물을 냄비에 넣고 끓인 후 라면과 스프를 넣는 것이다.
인용	다른 사람의 말이나 글을 끌이어 설명함 예 "시간은 금이다."라는 말이 있다.
묘사	어떤 사물에 대해 그림을 그리듯이 생생하게 표현하여 설명함 예 내 짝꿍은 얼굴이 달걀형이고 귀가 크고 곱슬머리이다.
서사	시간의 흐름에 따라 설명함 예 나는 아침을 먹고, 등교해서 공부를 하다가 친구와 함께 점심을 먹고 산책을 한다.

| 정답 | 객관 정의 대조

1. 구성

서론	문제 제기 부분으로, 독자의 흥미와 관심을 유발하고, 글을 쓰게 된 동기나 목적을 밝힘
( )	글의 중심 부분으로, 논리적으로 주장과 근거를 전개함
결론	주장을 요약·정리하거나 강조하고 앞으로의 전망과 과제를 제시함

2. 특성

주장의 독창성	주장하는 내용이 글쓴이의 독창적인 생각이어야 함
용어의 정확성	분명하고 정확한 용어(사전적, 지시적)를 사용해야 함
근거의 ( )성	주장에 대한 근거가 타당하고 합리적이어야 함
내용의 논리성	주장을 하는 과정이 논리 정연해야 함
의견의 주관성	글을 쓰는 사람의 주장이나 의견 등이 드러나야 함
출처의 신뢰성	정보의 출처가 분명하고, 신뢰할 수 있는 근거를 제시해야 함

3. 설명하는 글과 설득하는 글 비교

구분		설명하는 글	설득하는 글
공통점		논리적이고 체계적임	
차이점	목적	정보 전달	주장과 설득
	성격	사실적, 객관적	주관적, 설득적
	구성	처음(머리말)-중간(본문)-끝(맺음말)	서론-본론-결론
	읽는 방법	• 지식과 정보를 이해함 • 내용의 정확성, 객관성을 판단함	• 글쓴이의 주장을 파악함 • 근거의 타당성, 논리성을 파악함

4. 갈래별 읽기 방법

시	운율, 심상, 함축, 정서
소설	허구, 갈등 관계, 사건, 줄거리, 심리, 태도
수필 및 기행문	경험, 개성, 여정, 견문, 감상, 깨달음
시나리오	영화 상영, 카메라 촬영, 인물의 대사와 행동, 시공간 제약 X, 서술자 X
설명하는 글	정보 전달, 사실, 객관적, 배경지식 활용
( )	• 주장과 근거를 구분 • 사실과 의견을 구분 • 주장의 논리성 파악 • 전제나 가정이 올바른지 확인

memo

memo